DECLARATION

DV ROY, PORTANT

Confirmation des Priuileges attribuez aux Officiers domestiques & Commençaux de la Maison du Roy & de la Reyne, employez & compris és Estats enuoyez & receus en la Cour des Aydes.

Verifiée en la Cour des Aydes le 4. Ianuier 1638.

A PARIS,

Par P. METTAYER, A. ESTIENE, & P. ROCOLET, Imprimeurs ordinaires du Roy.

M. DC. XXXVIII.

Auec Priuilege de sa Maiesté.

LOVIS par la grace de Dieu, Roy de France & de Nauarre: A tous ceux qui ces presentes Lettres verront, Salut. Combien que nous ayons assez faict cognoistre par diuers nos Edicts, Declarations & Arrests, ce qui estoit de nostre intention sur les priuileges & Exemptions de nos Officiers domestiques & Commençaux, & de ceux de la Reyne nostre tres-chere & tres-amée Espouse & Compagne, non seulement en ce qui regarde les Tailles & impositions de deniers, mais aussi pour les droicts qui se prennent sur le vin, vendu en gros & en destail, & autres choses. Neantmoins la plufpart d'eux y estans tous les iours troublez par les Fermiers generaux ou particuliers de nos Villes, Bourgs, Bureaux & passages, lesquels veulent exiger d'eux certains droicts de petite pinte, huitiéme, quatriéme souchet, traicte foraine, peage & passage des vins, & autres choses de leur creu, qu'ils vendent ou font vendre hors de leurs maisons: Ils ont eu de nouueau recours à Nous pour leur estre sur ce pourueu de nos Lettres necessaires, humblement requerant icelles. Povr ces caufes, & autres bonnes confiderations à ce Nous mouuans, defirans fubuenir aufdits expofans en cét endroict, & les traicter le plus fauorablement qu'il Nous fera poffible, en confideration des bons & fideles feruices qu'il Nous rendent chacun iour, & à ladite Dame Reyne, auec beaucoup de defpenfe & d'incommodité : De l'aduis de noftre Confeil, & de noftre grace fpecialle, pleine puiffance & authorité Royale, Nous auons en confirmant tous & chacuns les priuileges par Nous & nos predeceffeurs Roys a eux cy-deuant accordez, par nos Edicts, Declarations & Arrefts donnez en leur faueur, foit en general ou en particulier, mefmes nos Lettres de confirmation du mois de Decembre mil fix cens vnze; & en nous expliquant fur iceux, dit & declaré, difons & declarons par ces prefentes, fignées de noftre main, que noftre vouloir & intention à toufiours efté, comme il eft encore à prefent, que tous nofdits Officiers domeftiques & Commécaux, ceux de ladite Dame Reyne, & leurs veufues, pendans leur viduité, foient & demeurent exempts & defchargez, comme Nous les exemptons & defchargeons de noueuau par

cefdites prefentes, du payement des fufdits
droicts de petite pinte, ou autrement courte
pinte, huictiéme & quatriéme fouchet, &
traicte foraine, peage, & paffage de leurs
vins, ancien fubcide de cinq fols pour muid
de l'entrée d'iceux, & auttes chofes prouenans de leur creu, foit qu'ils foient vendus &
debitez en gros ou en détail en leurs maifons, ou qu'ils les faffent tranfporter ailleurs
où bon leur femblera au dedans de noftre
Royaume, & terres de noftre obeïffance,
fans qu'à l'aduenir ils puiffent eftre recherchez, inquietez, ny pourfuiuis en quelque
forte & maniere que ce foit: Ce que Nous
defendons tres-expreffément aufdits Fermiers, Sous fermiers, leurs Affociez, Receueurs ou Commis, Maiftres des Ports, &
Iuges des traictes & Impofitions foraines,
reapreciations d'icelles, & nouuelles impofitions, & à tous autres, fur peine d'amende,
& de tous defpens, dommages & interefts.
Voulons & entendons que les Officiers de
ladite Dame Reyne, noftre tres-chere & tres-
amée Efpoufe & Compagne, iouyffent femblablement de tous & chacuns les priuileges,
franchifes, & libertez, par Nous cy-deuant
accordez à nofdits Officiers par les fufdits

A iij

Ediéts, Declarations, confirmations & Arrests, encores qu'ils n'y soient particulierement compris & nommez, dont Nous les auons releuez & dispensez, releuons & dispensons par cesdites presentes. Si DONNONS EN MANDEMENT à nos amez & feaux Conseillers les Gens tenans nostre Cour des Aydes à Paris, Presidens, Esleus & Controolleurs sur le faiét de nosdites Aydes & Tailles, & autres nos Iusticiers & Officiers qu'il appartiédra, que ces presentes ils faffent enregistrer, & du contenu en icelles jouyr & vser nosdits Officiers domestiques & Commençaux, ceux de ladite Dame Reyne, & leurs veufues, pendant leur viduité, plainement & paisiblement, ceflans & faisans cesfer tous troubles & empeschemens ; nonobstant tous Ediéts, Ordonnances, Arrests, Reglemens, & Lettres à ce contraires, ausquels pour ce regard, & sans y preiudicier en autres choses, nous auons derogé & derogeons par cesdites presentes, & à la derogatoire de la derogatoire y contenuë : Car tel est nostre plaisir. En tesmoin dequoy, Nons auons à icelles faiét mettre nostre seel. Donné à Paris le cinquiesme iour d'Aoust, l'an de grace mil six cens trente six, & de nostre regne le

vingt-septiesme. Signé, LOVIS. Et sur le
reply, Par le Roy, DELOMENIE. Et seellé du
grand sceau de cire iaune.

Extraict des Registres de la Cour des Aydes.

VEv par la Cour les Lettres Patentes
du Roy, données à Paris le cinquiesme
iour d'Aoust 1636. Signées, LOVIS : Et sur
le reply, Par le Roy, DELOMENIE. Seellées
sur simple queuë du grãd sceau de cire iaune.
par lesquelles, & pour les causes y contenuës,
sa Maiesté en confirmant à ses Officiers domestiques & Commençaux, ceux de la Reyne son Espouse & Compagne, tous & chacuns les Priuileges par sadite Maiesté & successeurs Roys, & à eux cy-deuant accordez
par ses Edicts, Declarations & Arrests donnez en leur faueur, soit en general ou en particulier, mesmes les Lettres de confirmation
du mois de Decembre 1611. & en s'expliquãt
sur iceux, auroit dit & declaré, que son vouloit & intention auoit tousieurs esté, comme
il estoit encores à present : Que tous sesdits
Officiers, domestiques & Commẽçaux, ceux
de ladite Dame Reyne & leurs veufues, pendant leur viduité, soient & demeurét exépts

& deschargez de nouueau, du payement des-
dits droicts de petite pinte, ou autrement
courte-pinte, huictiéme & quatriéme souchet, & traicte foraine, peage & passage de
leurs vins, ancien subcide de cinq sols pour
muid de l'entrée d'iceux, & autres choses
prouenans de leur creu, soit qu'ils soient vendus & debitez en gros ou détail en leurs maisons, ou qu'ils les facent transporter ailleurs
où bon leur sembleroit au dedans de son
Royaume & terre de son obeyssance, sans
qu'à l'aduenir ils en puissent estre recherchez, inquietez, ny poursuiuis, en quelque
sorte que ce soit : Defendant tres-expressément aux Fermiers, Sous-fermiers, leurs Associez, Receueurs ou Commis, Maistres des
Ports, & Iuges des traictes & impositions foraines, reapreciation d'icelles, & nouuelles
impositions, & à tous autres, sur peine d'a-
mende, & de tous despens, dommages & interests. VEVT sadite Maiesté que les Officiers de ladite Dame Reyne iouyssent sem-
blablemēt de tous & chacuns les priuileges,
frāchises, liberez cy-deuāt accordez à sesdits
Officiers par les susdits Edicts, Declarations,
Confirmations & Arrests, encores qu'ils n'y
soient particulieremēt compris & nommez,

dont

dont sadite Maiesté les a releuez & dispensez, ainsi que plus au long le contiennent lesdites Lettres à ladite Cour addressantes, pour l'ê-registrement & verification d'icelles. Veu lesdits Edicts, Declarations & Arrests, Con-clusions du Procureur general : Le tout consideré ; La Covr A ordonné & or-donne lesdites Lettres estre registrées au Greffe d'icelle, pour iouyr par lesdits Officiers & Commençaux de la maison du Roy & de la Reyne, qui se trouueront couchez & employez dans les Estats enuoyez & receus en ladite Cour, de l'effet y contenu, ainsi que font les Nobles & Ecclesiastiques de ce Royaume, sans qu'ils puissent pretendre aucune exemption du droict de courte-pinte, ny de toutes autres leuées de deniers qui se feront esdites Villes de ce Royaume, pour les reparations des chemins, Ponts & Chaussées, Maisons de la Santé qu'il sera besoin de construire pour la commodité d'icelles, & autres leuées de pareille nature. Prononcé le 5 iour de Septembre 1636. Signé, BOVCHER.

PREMIERE IVSSION.

LOVIS par la grace de Dieu, Roy de France & de Nauarre. A nos amez &

feaux Conseillers les Gens tenans noſtre Cour des Aydes à Paris, Salut. Comme c'eſt vne des choſes que nous auons le plus à cœur que de recognoiſtre & recompenſer les bós & fideles ſeruices que nous rendent chacun iour nos Officiers domeſtiques & Commençaux, Nous leur auons à cette fin concedé diuerspriuileges & exemptions, & meſmes par nos Lettres de Declaration du cinquiéme iour d'Aouſt dernier, Nous les aurions entr'autres choſes de nouueau exemptez & déchargez auec ceux de la Reyne noſtre treschere & tres-amee Eſpouſe & Compagne, du payement des droicts de petite pinte, ou autrement courte-pinte, huictiéme & quatriéme ſouchet, & traicte foraine, peage, & paſſage de leurs Vins, anciē ſubcide de cinq ſols pour muid de l'entrée d'iceux, & autres choſes prouenans de leur creu, ainſi que plus au long le contiennent leſdites Lettres; Leſquelles vous ayans eſté preſentées, au lieu de les faire enregiſtrer purement, vous auriez par voſtre Arreſt du cinquiéme de ce mois, ordonné qu'elles ſeroient enregiſtrées: pour iouyr par les ſuſdits Officiers de l'effet y cõtenu, tout ainſi que font les Nobles & Eccleſiaſtiques de ce Royaume, ſans qu'ils puiſſent pretendre aucune exemption du ſuſdit

droict de courte-pinte, ny de toutes autres
leuées de deniers qui se feront és Villes de
ce Royaume, pour les reparations des Chemins, Ponts, Chaussées, Maisons de la Santé, & autres leuées de pareille nature. Et
d'autant que ces restrinctions sont directe-
ment contraires à nostre intention, & mesmes que les priuileges de nosdits Officiers
n'ayans iamais eu rien de commun auec ceux
des Ecclesiastiques & Nobles, il est hors de
propos de les referer les vns aux autres; Cō-
me aussi pour ce qui regarde ledit droict de
courte-pinte, c'est chose déja iugée par vos
propres Arrests. C'est pourquoy lesdits Officiers nous ont tres humblement supplié &
requis, de leur pouruoir de nos Lettres sur
ce necessaires. A CES CAVSES, & autres
bonnes considerations à ce Nous mouuans,
desirans leur subuenir en cét endroit, & les
maintenir en la iouyssance de leursdits priuileges, Nous voulons, vous mandons, &
tres-expressément enioignons par ces pre-
sétes, signées de nostre main, que vous ayez
a proceder à l'enregistrement de nos susdites Lettres de Declaration du cinquiéme
iour d'Aoust dernier, purement & simplement, & faire iouyr nosdits Officiers domestiques, & ceux de ladite Dame Reyne, de

l'effet & contenu en icelles, selon leur forme & teneur, sans aucune modification, restrinction, clause, condition, ny difficulté
quelconque, nonobstant vostredit Arrest,
les causes motiues d'iceluy, & toutes autres
choses à ce contraires, & sans attendre de
Nous autre plus exprés commãdement que
ces presentes, qui vous seruiront de premie-
re & finale Iussion; CAR tel est nostre plaisir. Donné à Senlis le seiziéme iour de Septembre, l'an de grace mil six cens trentesix,
& de nostre regne le vingtseptiéme. Signé,
LOVIS. Et plus bas, Par le Roy, BOVTHIL-
LIER. Et scellée sur simple queuë du grand
sceau de cire jaune.

Extraict des registres de la Cour des Aydes.

VEv par la Cour les Lettres patentes
du Roy en forme de Iussion, données
à Senlis le seiziesme Septembre mil six cens
trente-six. Signees, LOVIS. Et plus bas, Par
le Roy, BOVTHILLIER. Scellees sur simple queuë du grand seau de cire iaune. Par
lesquelles sa Maiesté auroit mandé à ladite

Cour , que nonobstant son Arrest du cinquiéme dudit mois , les causes motiues d'iceluy , & toutes autres choses à ce contraires,
elle ayt à proceder à l'enregistrement de ses
Lettres en forme de Declaratió du cinquiéme Aoust audit an, purement & simplement,
sans attendre vn plus exprés commandemẽt
qui seruiroit de finale Iussion. Veu ladite
Declaration , par laquelle sadite Maiesté en
cõfirmant tous & chacuns les priuileges par
elle & ses Predecesseurs Roys, cy deuant accordez à ses Officiers domestiques & Commençaux , mesmes les Lettres de confirmation d'iceux , du mois de Decembre mil six
cens vnze: & en l'expliquant par iceux auroit dit & declaré , que son intentió & volõ-
té a tousiours esté, & estoit encores, que tous
sesdits Officiers, ceux de la Reyne son Espouse , & leurs veufues , pendant leur viduité,
soient & demeurent exempts des droicts de
courte-pinte , huitiéme & quatriéme souchet , & traicte foraine , peage & passage de
leurs Vins , ancien subcide de cinq sols pour
mud d'entrée , & autres choses prouenans
de leur creu , soit qu'il soit vendu en gros ou
en détail en leurs maisons , ou qu'ils le facent
tansporter au dedãs du Royaume , ainsi que
plus au long est contenu par lesdites Lettres

deDeclaration, attachées foubs le contrefeel.
Veu autres Lettres de confirmation defdits
Priuileges , des mois de Decembre mil fix
cens vnze, & vingt Iuillet, mil fix cens dou-
ze, enfemble les Arrefts de la Cour interue-
nus fur la verification d'icelles, des quatre
Ianuier & quatorze Decembre enfuiuant, &
autres pieces attachées à icelles : Conclufiõs
du Procureur general : le tout confideré; LA
COVR a ordonné & ordonne , que tres-
humbles Remonftrances feront faites au
Roy, fur l'importance des Priuileges accor-
dés aufdits Officiers par lefdites Lettres. Prononcé le vingt-quatriéme iour de Septembre
bre mil fix cens trente-fept.

Signé,   BOVCHER.

SECONDE IVSSION.

LOVIS par la grace de Dieu Roy de
France & de Nauarre , A nos amez
& feaux Confeillers les gens tenans
noftre Cour des Aydes à Paris , Salut. Encores que Nous vous ayons affez fait co-
gnoiftre tant par nos Lettres de Declaration du 5. d'Aouft, mil fix cens trente fix,
que celles de Iuffion du feiziéme Septem-

bre enſuiuant, ce qui eſtoit de noſtre volonté & intentió, pour faire iouyr nos Officiers
domeſtiques & Commençaux, & ceux de la
Reyne noſtre tres-chere & tres-amée Eſpouſe & Compagne, d'aucuns Priuileges &
exemptiós à plain declarez par leſdites Lettres: Vous auriez par voſtre Arreſt du vingt-
quatriéme Septembre dernier, interuenu
ſur noſdites Lettres du Iuſſion, ordonné que
tres humbles Remonſtrances Nous ſeroient
faites ſur l'importance deſdits Priuileges: Ce
qui ayant eſté pris par leſdits Officiers pour
vn refus, ils ont eu encores recours à Nous,
pour leur eſtre ſur ce de nouueau pourueu de
nos Lettres neceſſaires, humblement requerant icelles. A CES CAVSES, & autres
bonnes conſiderations à ce Nous mouuans,
deſirans ſubuenir auſdits Officiers en cét endroict, & les traicter le plus fauorablement
qu'il Nous ſera poſſible, en conſideration
des bons & fideles ſeruices qu'ils Nous rendent chacun iour, & à ladite Dame Reyne,
& pour leur donner plus de moyen & de volonté de les continuer à l'aduenir: Nous voulons, vous mandons, & tres-expreſſement
enioignons par ces preſentes, ſignées de noſtre main, que ſans vous arreſter auſdites
Remonſtrances, que Nous tenons pour fai-

tes & entenduës, vous ayez à proceder tout
incontinent à la verification & enregistrement de nos susdites Lettres de Declaration
du cinquiéme Aoust, selon leur forme & teneur, sans y apporter dauantage de lógueur,
ny aucune restrinction, modification, ny di-
ficulté quelconque, nonobstant vostre sus-
dit Arrest, les causes motiues d'iceluy, & toutes autres choses à ce contraires, & sans attendre de Nous autre plus expres commandement que ces presentes, que Nous voulons vous seruir de finale & derniere Iussió;
Enioignans à nostre Procureur general de
faire toutes les diligences & requisitions
pour ce necessaires, tenir la main à ce qui est
en cela de l'ertiere execution de nostre volonté, & Nous tenir aduertis du bon deuoir dont il y aura esté vsé : CAR tel est nostre plaisir, Donné à Sainct Maur des Fossez le septiéme iour d'Octobre, l'an de grace mil six cens trente sept. Et de nostre regne le vingthuictiesme. Signé, LOVIS. Et
plus bas, Par le Roy, DELOMENIE. Et
seellees sur double queuë de cire iaune.

Extraict

*Extraict des Registres de la Cour des
Aydes.*

VEv par la Cour les Lettres Patentes
du Roy, données à Paris le cinquiesme
iour d'Aoust 1636. Signées, LOVIS : Et sur le
reply, Par le Roy, DELOMENIE. Et seellées
sur double queuë de cire iaune. Par lesquelles
pour les causes y contenuës, en confirmant
à ses Officiers domestiques & Comméçaux,
à ceux de la Reyne son Espouse & Compagne, tous & chacuns les Priuileges par sa
Maiesté, & ses predecesseurs Roys, à eux cy
deuant accordez par ses Edicts, Declaratiós,
& Arrests donnez en leur faueur, soit en general ou en particulier, mesmes ses Lettres
de confirmation du mois de Decembre 1611.
Et en expliquant iceux, auroit dit & declaré,
que son vouloir & intention auoit tousiours
esté, comme il estoit encores lors que sesdits
Officiers domestiques & Commençaux, &
& ceux de ladite Dame Reyne, & leurs veufues, pendant leur viduité, soient & demeurét
exempts & déchargez du payement des
droicts de petite pinte, ou autrement courte-
pinte, huitiéme & quatriéme souchet, & traicte foraine, peage & passage de leurs vins,
ancien subcide de cinq sols pour muid de

l'entrée d'iceux , & autres chofes prouenans
de leur creu , foit qu'ils foient vendus & debitez en gros ou détail en leurs maifons , ou
qu'ils les facent tranfporter ailleurs où bon
leur fembleroit , au dedans de ce Royaume,
& terres de fon obeyffance , fans pouuoir e-
ftre recherchez ou inquietez à l'aduenir : Et
outre , que lefdits Officiers de ladite Dame
Reyne iouyffent femblablement defdits Priuileges, franchifes & libertez, encores qu'ils
ne foient particulierement compris efdits E-
dicts , Declarations & Arrefts , dont fadite
Maiefté les auroit difpenfez par lefdites Lettres , ainfi qu'il eft plus au long contenu en
icelles: Arreft de ladite Cour du 5. Septembre audit an 1636. Par lequel auroit efté or-
dôné, que lefdites Lettres feroient regiftrées
au Greffe d'icelle, pour iouyr par lefdits Officiers & Commêçaux de la Maifon du Roy
& de la Reyne, qui fe trouueroient couchez
& employez és Eftats enuoyez & receus en
ladite Cour , de l'effet y contenu, ainfi que
font les Nobles & Ecclefiaftiques de ce Royaume , fans qu'ils puiffent pretendre aucune
exemption du droict de courte pinte , ny de
toutes les autres leuées de deniers qui fe fe-
rontés Villes de ce Royaume , pour les reparations des chemins , ponts & chauffées,

maiſons de la Santé qu'il ſoit beſoin de conſ-
ſtruite pour la commodité d'icelles, & autres
leuées de pareille nature: Autres Lettres patentes du Roy, données à Senlis le 16. Septembre, 1637. Signées, LOVIS. Et plus bas,
Par le Roy, BOVTHILLIER, Et ſeellées de cire
iaune ſur ſimple queuë, Portant Iuſſion &
mandement à ladite Cour, de proceder à l'é-
regiſtrement deſdites Lettres du 5. Aouſt
1636. purement & ſimplement, & faiſant
iouyr leſdits Officiers de l'effet y contenu,
ſans aucune modiffication, reſtrinction, clau-
ſe, condition, ny difficulté, nonobſtant ledit
Arreſt, les cauſes motiues d'iceluy, & autres
choſes à ce contraires, ſans attendre de ſadite Maieſté autres plus exprés cómandement
que leſdites Lettres, qui ſeruiroient de pre-
miere & finale Iuſſion. Autre Arreſt de ladite Cour du 24. dudit mois de Septembre,
par lequel elle auroit ordonné, que Remonſtrances ſeroient faites au Roy ſur l'importance des Priuileges accordez auſdits Officiers par leſdites Lettres. Autres Lettres patentes de ſa Maieſté, données à S. Maur des
Foſſez le 7. iour d'Octobre dernier. Signées
LOVIS. Et plus bas, Par le Roy, DELOMENIE,
& ſeellées ſur ſimple queuë de cire iaune, Par
leſquelles ſadite Maieſté veut, & tres-expreſ-

sement enioinct à ladite Cour, que sans s'arrester à ses Remonstrāces, qu'elle tient pour
faites & entendues, elle eust à proceder tout
incontinent à la verification & enregistrement desdites Lettres & Declaration du 5.
Aoust 1636. selon leur forme & teneur, sans
y apporter d'auantage de longueur, ny aucune restrinction, modiffication, ny difficulté quelconque, nonobstant ledit Arrest, les
causes motiues d'iceluy, & toutes autres choses à ce contraires, & sans attendre de sadite
Maiesté autre plus exprés commandement
que lesdites Lettres, qu'elle veut seruir de finale & derniere Iussion. Veu aussi les Lettres, Declarations & Arrests, Conclusions du
Procureur general du Roy: Et tout côsideré,
La Covr dit qu'elle ne peut se departir de
ses Arrests des 5. Septembre 1636. & 24. Septembre 1637. Prononcé le 27. iour d'Octobre 1637. Signé, BOVCHER.

TROISIEME IVSSION.

OVIS par la grace de Dieu Roy
de France & de Nauarre, A nos
amez & feaux Côseillers les gens
tenans nostre Cour des Aydes à

Paris, Salut. Nous estimions vous auoir assez
fait expressement entendre par deux diuerses Lettres de Iussion, ce qui estoit de nostre
vouloir & intention sur l'enregistrement de
nos Lettres de Declaration du 5. Aoust, de
l'année derniere, concernans aucuns priuileges & exemptions de nos Officiers domestiques & Commençaux, & ceux de la Reyne nostre tres-chere & tres-amée Espouse
& Compagne: Neantmoins sans faire la cõ-
sideration que vous deuiez au contenu de
nosdites Lettres, vous auriez dans la conti-
nuation de vos modifications dit, par vostre
Arrest du 27. Octobre dernier, ne vous pouuoir departir de vos precedens Arrests; ce
qui ayant lieu, seroit priuer lesdits Officiers
de l'effet & vtilité de nosdites Lettres. Et
d'autant que nostre intentiõ est qu'elles ayét
lieu, & sortent leur effet : A CES CAVSES
Nous voulons, vous mandõs, & tres expressement enioignons par ces presentes, signées
de nostre main, & cette fois pour toutes, que
vous ayez à proceder incessamment à la pu-
blication & enregistrement de nos susdites
Lettres de Declaration, selon leur forme &
teneur, sans plus y apporter de longueur,
difficulté, modificatiõ, ny restrinction quelconques, nonobstant vosdits Arrests, les

causes motiues d'iceux, & tous autres empeschemens à ce contraires, & sans attendre
de Nous autre plus exprés commandement
que ces presentes, qui vous seruiront de derniere & finale Iussion; Enioignans à nostre
Procureur general de faire toutes les diligences & requisitiõs pour ce necessaires, & nous
tenir aduertis du bon deuoir dont il y aura
esté vsé, en sorte que lesdits Officiers n'ayét
plus sujet de recourir à Nous pour ce regard:
CAR tel est nostre plaisir. Donné à S. Germain en Laye le 17. iour de Nouembre, l'an
de grace 1637. Et de nostre regne le 28. Signé, LOVIS. Et plus bas, Par le Roy, DE-
LOMENIE. Et scellee sur simple queuë du
grand seau de cire iaune.

Extraict des Registres de la Cour des Aydes.

VEV par la Cour les Lettres Patentes
du Roy, données à Paris le 5. d'Aoust
1636. Signées, LOVIS. Et sur le reply, Par le
Roy, DELOMENIE. Scellées sur simple
queuë du grand seau de cire iaune. Par lesquelles, & pour les causes y contenues, sa

Maiesté en confirmant à ses Officiers domestiques & Commençaux, ceux de la Reyne son Espouse & Compagne, tous & chacuns les Priuileges par sadite Maiesté & ses
successeurs Roys, & a eux cy deuant accordez par ses Edicts, Declarations & Arrests
donnez en leur faueur, soit en general ou en
particulier, mesmes ces Lettres de confirmation du mois de Decembre 1611. Et en s'expliquant sur iceux, auroit dit & declaré que
son vouloir & intention auoit toussiours esté,
comme il estoit encores à present, que tous
sesdits Officiers, domestiques & Commençaux, ceux de ladite Dame Reyne, & leurs
veufues, pendant leur viduité, soient & demeurent exempts & dechargez de nouueau,
du payement des droicts de petite pinte, ou
autrement courte pinte, huictiéme, & quatriéme souchet, & traicte foraine, peage &
passage de leurs vins, ancien subcide de cinq
sols pour muid de l'entrée d'iceux, & autres
choses prouenus de leur creu, soit qu'ils soiét
vendus & debitez en gros ou destail en leurs
maisons, ou qu'ils les facent transporter ailleurs où bon leur semble roit, au dedans de
son Royaume, & terre de son obeyssance,
sans qu'à l'aduenir ils puissent estre recherchez, inquietez, ny poursuiuis, en quelque

forte que ce foit : Deffendant tres-expreffement aux Fermiers , Soubs-fermiers , leurs
Affociez , Receueurs ou Commis , Maiftres
des Ports, & Iuges des traictes & impofitiõs
foraines, reapreciation d'icelles, & nouuelles
impofitions, & à tous autres , fur peine d'a-
mende, & de tous defpens, dommages & interefts. VEVT fadite Maiefté que lefdits Officiers de ladite Dame Reyne iouyffent femblablement de tous & chacuns les Priuileges, franchifes, libertez cy deuant accordez
à fefdits Officiers par les fufdits Edicts, Declarations. Confirmations & Arrefts, encores qu'ils n'y foient particulierement compris , dont fadite Maiefté les a releuez & difpenfez, ainfi que plus au long le contiennent
lefdites Lettres à ladite Cour addreffantes,
pour la verification & enregiftrement d'icelles. Vcu lefdits Edicts , Declarations & Arrefts , Conclufions du Procureur general,
Arreft de ladite Cour du 5. Septembre 1636.
interuenu fur lefdites Lettres, par lequel elle auroit ordõné, qu'elles feroient regiftrées
au Greffe d'icelle, pour iouyr par lefdits Officiers & Commençaux de la Maifon du
Roy & de la Reyne , qui fe trouueroiét couchez & employez dans les Eftats enuoyez
& receus en ladite Cour , de l'effet y contenu, ainfi

nu , ainſi que font les Nobles & Eccleſiaſtiques de ce Royaume , ſans qu'ils puiſſent
pretendre aucune exemption du droict de
courte-pinte , ny de toutes autres leuées de
deniers qui ſe ferót eſdites Villes de ce Royaume , pour les reparations des chemins,
Ponts & Chauſſées , Maiſons de la Santé
qu'il ſera beſoin de conſtruire pour la cóm-
modité d'icelles , & autres leuées de pareille
nature: Autres Lettres patentes de ſa Maieſté en forme de Iuſſion ſur ledit Arreſt , dó-
nées à Senlis le 16 Septembre 1636. Signées,
L o v i s. Et plus bas, Par le Roy, Bovthillier. Seellées ſur ſimple queuë du grand
ſeau de cire iaune. Par leſquelles ſa Maieſté
auroit mandé à ladite Cour, que nonobſtant
ſon Arreſt dudit iour 5. dudit mois, les cauſes motiues d'iceluy , & toutes autres choſes
à ce contraires , elle ayt à proceder à l'enregiſtrement de ſes Lettres en forme de De-
clarasion du 5. Aouſt audit an , purement &
ſimplement , ſans attendre vn plus exprez
commandement, qui ſeruiroit de finale Iuſſion. Autre Arreſt de ladite Cour du 24. dudit mois de Septembre , par lequel elle auroit ordonné , que tres humbles Remonſtrances ſeroient faites au Roy ſur l'importance des Priuileges accordez auſdits Offi-

D

ciers par lesdites Lettres. Autres Lettres patentes du Roy , données à S. Maur des Fossez le 7. d'Octbre dernier . Signées , LOVIS. Et sur le reply , Par le Roy , DELOMENIE. Seellées sur simple queuë de cire iaune. Par lesquelles sadite Maiesté veut , & tres-expressement enioinct à ladite Cour , que sans s'arrester à ses Remonstrances , qu'elle tenoit pour faites & entendues , elle eust à proceder tout incontinent à la verification & enregistrement desdites Lettres de Declaration du 5. Aoust 1636. selon leur forme & teneur, sans y apporter d'auantage de longueur, ny aucune restrinction , modificatiõ, ny difficulté quelconque , nonobstant ledit Arrest, les causes motiues d'iceluy, & toutes choses à ce contraires, & sans attendre de sadite Maiesté autre plus exprés commandement que lesdites Lettres, qu'elle vouloit seruir à ladite Cour de finale & derniere Iussion, Autre Arrest de ladite Cour du 27. dudit mois d'Octobre dernier , interuenu sur lesdites Lettres , par lequel elle auroit dit qu'elle ne pouuoit se departir de ses Arrests des 5. Septembre 1636. & 24. Septembre 1637. Autres Lettres patentes de sadite Maiesté, données à S, Germain en Laye le 17. Nouembre ensuiuant. Signées , L O V I S. Et

plus bas , Par le Roy , DELOMENIE. Et scellées du grand seau de cire iaune. Par lesquelles sadite Maiesté mande tres-expressément
à ladite Cour, & cette fois pour toutes, qu'elle ait à proceder incessamment à la publica-
tion & enregistrement des susdites Lettres
de Declaration dudit iour 5, Aoust 1636. selon leur forme & teneur, sans plus y apor-
ter de longueur, difficulté, modiffication, ny
restrinction quelconques , nonobstant les
susdits Arrests, les causes motiues d'iceux, &
tous autres empeschemens à ce contraires, &
sans attendre vn plus exprés commandemēt
que lesdites Lettres, qui seruiroient de finale
Iussion : Auec inionction audit Procureur
general de faire toutes les diligences & requisitions pour ce necessaires , & d'aduertir
sadite Maieste du bon deuoir qu'il y auroit
esté vsé, en sorte que lesdits Officiers n'ayent
plus suiet de recourir vers elle pour ce regard. VEV toutes lesdites Lettres, Arrests,
Ordonnances, & les Conclusions dudit Procureur general : Le tout considré ; LA
COVR, du tres-exprés commandement du
Roy, a ordonné & ordonne lesdites Lettres
en forme de Iession & de Declaration , estre
verifiées & registrées au Greffe d'icelle,
pour iouyr par les Officiers couchez & em-

ployez dans l'Estat de la Maison du Roy, &
dans celuy de la Maison de la Reyne, enuoyez en la Cour, & receus par icelle, ensemble leurs veufues, pendant leur viduité,
des priuileges, franchises & exemptions portées par lesdites Lettres, tant & si longuement qu'ils ne feront acte dérogeant à leursdits Priuileges, & sans neantmoins que lesdits Officiers puissent pretendre aucune
exemption des contributions qui se feront
pour le faict de la Contagion, entretien des
pauures, & fortification des lieux esquels ils
sont demeurans. Prononcé le 11. iour de Decembre 1637.

Signé,   BOVCHER.

QVATRIEME IVSSION.

LOVIS par la grace de Dieu Roy de
France & de Nauarre, A nos amez
& feaux Conseillers les gens tenans
nostre Cour des Aydes à Paris, Salut. Nous
estimions vous auoir assez fait cognoistre
par trois diuerses Iussions, ce qui estoit de
nostre volonté sur l'enregistrement de nos
Lettres de Declaration du 5. iour d'Aoust
1636. concernans aucuns Priuileges & exē-

ptions de nos Officiers, domestiques & Cõ-
mençaux, & ceux de la Reyne, noftre tres-
chere Efpoufe: Toutesfois au lieu de proceder à la veriffication pure & fimple de nofdites Lettres, ainfi qu'il vous eftoit mandé
par icelles: Par voftre Arreft du 11. iour du
prefent mois de Decembre, vous auez entre
autres chofes ordonné, que lefdits Officiers
& leurs veufues, pendant leur viduité, iouy-
ront des priuileges, franchifes & exemptiõs
portées par lefdites Lettres, fans neantmoins qu'ils puiffent pretendre aucune exé-
ption des contributions qui fe feront pour le
faiÇt de la Contagion, entretien des pauures,
& fortiffication des lieux où ils feront demeurans, encores que par nofdites Lettres
de Declaration il ne foit fait aucune mention
defdites contributions à faire pour la Contagion & entretien des pauures, fe foubmet-
tant lefdits Officiers d'y fatisfaire à leur efgard: Mais quand à celle des fortifications,
quoy qu'il n'en foit faiÇt auffi aucune mention, comme ne leur eftât conteftée: Neantmoins ils ont notable intereft d'en faire leuer la modiffication, d'autant qu'ils y pour-
roient cy aprés eftre troublez, en confe-
quence de voftredit Arreft, Ioinct que s'il
auoit lieu, feroient priuez de l'effet de nofdi-

tes Lettres de Declaration, en ce que la pluſ-
part des deniers prouenans des ſubcides &
impoſitions, dont ils ſont declarez exempts
par icelles, ſont en partie deſtinez & employez aux fortifications & reparations des
murailles des Villes. A CES CAVSES,
voulans que noſdits Officiers iouyſſent en-
tierement de l'effet & contenu en noſdites
Lettres de Declaration cy attachées ſoubs
noſtre contreſeel. Nous vous mandons &
ordonnons par ces preſentes, ſignées de noſtre main, que vous ayez à leuer & oſter la
modiffication portée par voſtredit Arreſt
du 11. du preſent mois, en ce qui concerne la
contribution des fortiffications ſeulement,
ſans que noſdits Officiers puiſſent pretendre l'exemption de celles qui ſe feront pour
le faiɕt de la Côtagion, & entretien des pauures, à quoy ils feront tenus de ſatisfaire à
leur eſgard, & non à la contribution deſdites
fortiffications, nonobſtant voſtredit Arreſt,
que ne voulons leur nuire ne preiudicier, ny
autres choſes à ce contraires: CAR tel eſt
noſtre plaiſir. Donné à Sainɕt Germain en
Laye le 24. iour de Decembre, l'an de grace 1637. Et de noſtre regne le 28. Signé,
LOVIS. Et plus bas, Par le Roy, BOVEHIL-
LIER. Et ſeellee du grand ſeau de cire iaune.

Extraict des regiſtres de la Cour des Aydes.

VE v par la Cour les Lettres patentes du Roy, données à Paris le 5. Aouſt mil ſix cens trente-ſix. Signees, LOVIS. Et ſur le reply, Par le Roy, DELOMENIE. Scellees ſur ſimple queuë du grand ſeau de cire iaune. Par leſquelles, & pour les cauſes y contenuës, ſa Maieſté en confirmant à ſes Officiers domeſtiques & Commençaux, ceux de la Reyue ſon Eſpouſe & Compagne, tous & chacuns les Priuileges par ſadite Maieſté & ſes predeceſſeurs Roys, à eux cy deuant accordez par ſes Ediéts, Declarations & Arreſts, donnez en leur faueur, ſoit en general ou en particulier, meſmes les Lettres de Confirmation du mois de Decembre 1611. Et en s'expliquât ſur iceux, auroit dit & declaré que ſon vouloir & intention auoit touſiours eſté, comme il eſtoit encores à preſent, que tous ſeſdits Officiers, domeſtiques & Commençaux, ceux de ladite Dame Reyne, & leurs veufues, pendant leur viduité, ſoient & demeurent exempts & dechargez de nouueau, du payement des droicts de petite pinte, ou autrement courte-pinte, huitiéme & quatriéme souchet, & traicte foraine, peage & passage de leurs Vins, ancien subcide de cinq sols pour mud d'entrée d'iceux, & autres choses prouenus de leur creu, soit qu'ils soient vendus & debitez en gros ou 'en détail en leurs maisons, ou qu'ils les facent tansporter ailleurs où bon leur sembleroit, au dedans de son Royaume, & terre de son obeyssance, sans qu'à l'aduenir ils puissent estre recherchez, inquietez, ny poursuiuis, en quelque sorte que ce soit : Deffendant tres-expressement aux Fermiers, Soubs-fermiers, leurs Associez, Receueurs ou Cõmis, Maistres des Ports, & Iuges des traictes & impositiõs foraines, reapreciation d'icelles, & nouuelles impositions, & à tous autres, sur peine d'amende, & de tous despens, dommages & interests. VEVT sadite Maiesté que les Officiers de ladite Dame Reyne iouyssent semblablement de tous & chacuns les Priuileges, franchises, libertez cy deuant accordez à sesdits Officiers par les susdits Edicts, Declarations. Confirmations & Arrests, encores qu'ils n'y soient particulierement compris, dont sadite Maiesté les a releuez & dispensez, ainsi que plus au long le

con-

contiennent lesdites Lettres à ladite Cour
addreſſantes, pour la verification & enregiſtrement d'icelles. Veu leſdits Edicts, Declarations & Arreſts, Concluſions du Procureur general, Arreſt de ladite Cour du 5.
Septembre 1636. interuenu ſur leſdites Lettres, par lequel elle auroit ordonné, qu'elles
ſeroient enregiſtrées au Greffe d'icelle, pour
iouyr par leſdits Officiers & Commençaux
de la Maiſon du Roy & de la Reyne, qui ſe
trouueront couchez & employez dans les
Eſtats enuoyez & receus en ladite Cour, de
l'effet y contenu, ainſi que font les Nobles
& Eccleſiaſtiques de ce Royaume, ſans
qu'ils puiſſent pretendre aucune exemption du droict de courte-pinte, ny de
toutes autres leuées de deniers qui ſe feront eſdites Villes de ce Royaume, pour
les reparations des chemins, Ponts &
Chauſſées, Maiſons de la Santé qu'il ſera beſoin de conſtruire pour la commodité
d'icelles, & autres leuées de pareilles natu-
res : Autres Lettres patentes de ſa Maieſté
en forme de Iuſſion ſur ledit Arreſt, données à Senlis le ſeiziéme Septembre mil ſix
cens trente-ſix. Signées, LOVIS. Et plus
bas, Par le Roy, BOYTHILLIER. Seel-

E

lées fur fimple queuë du grand feau de cire iaune. Par lefquelles fa Maiefté auroit
mandé à ladite Cour, que nonobftant fon
Arreft dudit iour cinquiéme dudit mois,
les caufes motiues d'iceluy, & toutes autres
chofes à ce contraires, elle ayt à proceder
à l'enregiftrement de fes Lettres en forme
de Declaration du cinquiéme Aouft audit
an, purement & fimplement, fans attendre
vn plus exprez commandement, qui feui-
roit de finale Iuffion. Autre Arreft de ladite
Cour du vingt-quatriéme dudit mois de
Septembre, par lequel elle auroit ordonné,
que tres-humbles Remonftrances feroient
faites au Roy fur l'importance des Priuileges accordez aufdits Officiers par lefdites
Lettres. Autres Lettres patentes du Roy,
données à S. Maur des Foffez le feptiéme
iour d'Octobre dernier. Signées, LOVIS.
Et fur le reply, Par le Roy, DELOME-
NIE. Seellées fur fimple queuë de cire iaune. Par lefquelles fadite Maiefté veut, &
tres-expreffement enioinct à ladite Cour,
que fans s'arrefter à fes Remonftrances,
qu'elles tenoit pour faites & entendues,
elle ayt à proceder tout incontinent à la
verification & enregiftrement defdites Let-

tres de Declaration du cinquiéme Aouſt
mil ſix cens trente-ſix , ſelon leur forme &
teneur, ſans y apporter d'auantage de longueur, ny aucune reſtrinction, modificatiõ,
ny difficulté quelconque, nonobſtant ledit
Arreſt, les cauſes motiues d'iceluy, & toutes
autres choſes à ce contraires , & ſans attendre de ſadite Maieſté autre plus exprés commandement que leſdites Lettres , qu'elle
vouloit ſeruit à ladite Cour de finale & derniere Iuſſion. Autre' Arreſt de ladite Cour
du vingt ſeptiéme dudit mois d'Octobre
dernier, interuenu ſur leſdites Lettres, par
lequel elle auroit dit qu'elle ne pouuoit ſe
departir de ſes Arreſts des cinq Septembre
mil ſix cens trente-ſix, & vingt-quatriéme
Septembre mil ſix cens trente-ſept. Autres
Lettres patentes de ſadite Maieſté , données à Sainct Germain en Laye le dix-ſept
Nouembre enſuiuant. Signées, L O V I S. Et
plus bas, Par le Roy, D E L O M E N I E. Seellées du grand ſeau de cire iaune. Par leſquelles ſadite Maieſté mande tres-expreſſement
à ladite Cour, & cette fois pour toutes, qu'elle euſt à proceder inceſſamment à la publica-
tion & enregiſtrement des ſuſdites Lettres
de Declaration dudit iour cinquiéme Aouſt

mil six cens trente-six , selon leur forme &
teneur , sans plus y apporter de longueur,
difficulté , modiffication , ny restrinction
quelconques , nonobstant les susdits Arrests , les causes motiues d'iceux , & tous
autres empeschemens à ce contraires , & sans
attendre vn plus exprés commandement
que lesdites Lettres, qui seruiroient de finale
Iussion : Auec inionction audit Procureur
general de faire toutes les diligences & requisitions pour ce necessaires , & d'aduertir
sadite Maieste du bon deuoir qu'il y auroit
esté vsé, en sorte que lesdits Officiers n'ayent
plus suiet de recourir vers elle pour ce regard. V E V toutes lesdites Lettres, Arrests,
Ordonnances, & les Conclusions dudit Procureur general; Autre Arrest de ladite Cour
du vnziéme Decembre, mil six cens trente-
sept , par lequel du tres-exprés commandement du Roy , auroit esté ordonné lesdites Lettres en forme de Iussion & de Declaration , estre veriffiées & enregistrées au
Greffe d'icelle, pour iouyr par les Officiers
couchez & employez dans l'Estat de la Maison du Roy, & dans celuy de la maison de
la Reyne, enuoyez en ladite Cour, & receus
par icelle, ensemble leurs veufues , pendant

leur viduité, des priuileges , franchifes &
exemptions portées par lefdites Lettres,
tant & fi longuement qu'ils ne feroient acte
dérogeant à leurfdits Priuileges , & fans
neantmoins que lefdits Officiers peuffent
prȩtendre aucune exemption des contributions qui fe feroient pour le faict de la Contagion , entretien des pauures, & fortifica-
tiōs des lieux efquels ils eftoient demeurans.
Autres Lettres patentes en forme de Iuffion fur ledit Arreft, données à Sainct Germain en Laye le vingt-quatriéme Decembre audit an. Signées , L o v i s. Et plus bas,
Par le Roy , B o v t h i l l i e r. Et feellées
de cire iaune. Par lefquelles eft mandé à ladite Cour , qu'elle ayt à leuer & ofter la modiffication portée par lefufdit Arreft, dudit
iour vnziéme dudit mois, en ce qui concerne la contribution des fortifications feule-
ment , fans que lefdits Officiers puiffent
prendre l'exemption de celles qui fe feroient
pour le faict de la Contagion, & entretien
des pauures, à quoy ils feroient tenus de fatisfaire à leur efgard , & non à la contribution des fortifications : Conclufions dudit
Procureur general ; Le tout confideré. L a
C o v r , a ordonné & ordonne lefdites Let

tres en forme de Declaration, & de Iuſſions,
eſtre regiſtrées au Greffe d'icelle , pour
iouyr par les Officiers couchez & employez
dans les Eſtats des Maiſons du Roy & de la
Reyne , enuoyez en ladite Cour , & receus
au Greffe d'icelle , enſemble leurs veuſues,
pendant leur viduité, des priuileges, franchi-
ſes, & exemptions portées par leſdites Lettres , tant & ſi longuement qu'ils ne feront
actes dérogeans à leurſdits Priuileges, & ſans
neantmoins que leſdits Officiers puiſſent
pretendre aucune exemption des contributions qui ſe feront pour le faict de la Contagion , & entretien des pauures. Prononcé
le quatriéme iour de Ianuier , mil ſix cens
trente-huict.

Signé,   BOVCHER.

Regiſtrées en la Cour des Aydes: Ouy
le Procureur general du Roy, pour iouyr
par les Officiers couchez & employeℤ
dans les Eſtats des Maiſons du Roy &
de la Reyne, enuoyez en ladite Cour, &c.
receus au Greffe d'icelle , enſemble leurs
veuſues, pendant leur viduité, des priui-

leges, franchises & exemptions portées
par lesdites Lettres, tant & si longuement qu'ils ne feront actes dérogeans à
leursdits Priuileges, & sans neantmoins
que lesdits Officiers puissent pretendre aucune exemption des contributions qui se
feront pour le faict de la contagion &
entretien des pauures, suiuant l'Arrest du
iourd'huy. Donné à Paris le quatriéme
iour de Ianuier mil six cens trente-huict.

Signé, **BOVCHER.**

Collationné aux originaux par moy
Conseiller, Secretaire du Roy &
de ses Finances,